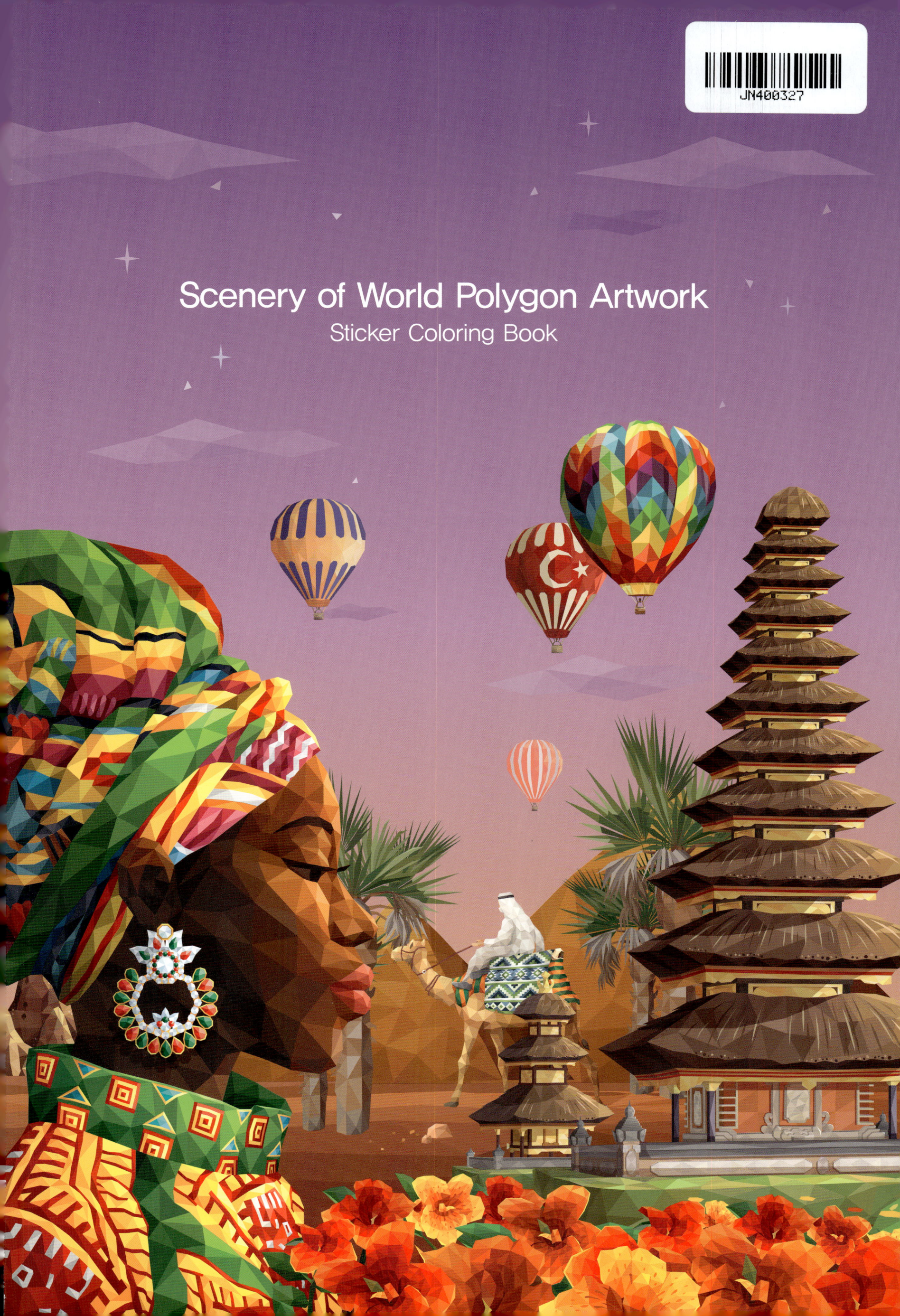

DNA DesignStudio 정품 인증 마크

DNA DesignStudio에서 디자인/제작한 제품이란 것을 인증하는 마크입니다. 오리지널 마크로 유사 상품과는 다른 차별성을 지니고 있습니다.
이 로고를 확인하여 DNA DesignStudio에서 제작한 정품임을 확인해 주세요.

저자 소개

DNA디자인스튜디오

DNA디자인스튜디오는 '세상에 없던 유니크한 즐거움~!!'을 모토로 모두가 즐거워할 수 있는 콘텐츠를 기획하고 디자인합니다.
디자인의 긍정적인 기능으로 인해 많은 사람들이 삶에 가치를 더하기를 기대합니다.

독창적인 디자인 스타일을 기반으로 새로운 시도에 앞장서며 브랜딩, 콘텐츠 개발, 상품 개발, 출판 등 다양한 분야의 콘텐츠 개발 프로젝트를 진행하고 있습니다.
특히, 데코폴리 브랜드는 폴리곤아트를 이용한 상품군으로 다양한 각면이 빛의 방향과 색에 따라 오묘하게 달라지는 느낌을 표현하여 다양한 제품과 콘텐츠에 담고 있습니다. 인테리어 소품으로 많이 사용되며, 나의 공간을 보다 감각적이고 센스 넘치는 공간으로 재탄생 시켜 줄 것입니다.

이 책을 읽기 전

스티커 컬러링 북을 소개합니다.

DNA디자인스튜디오는 '세상에 없던 유니크한 즐거움'을 모토로 개발자와 고객 모두 즐거울 수 있는 제품을 개발하고 있습니다. 어떤 요소가 소비자로 하여금 즐거움을 이끌어낼 수 있을까 고민하다가 '스티커 컬러링 북'이라는 아이템을 개발하게 되었습니다.

바쁜 일상에 지쳐 훌쩍 여행을 떠나고 싶을 때가 있나요? 스티커 컬러링 북을 체험하며 사사로운 감정과 생각에서 멀어져 아트의 세계로 빠져보세요. 풀, 가위, 칼과 같은 별도의 준비물이 필요 없어 책 한 권만 있으면 언제 어디서든 힐링을 즐길 수 있으며 금세 여행을 떠난 듯 휴식을 취할 수 있습니다.

이런 분들에게 추천해요!

어린이 / 청소년
스티커를 떼었다 붙였다 하며 손가락을 움직이기 때문에 소근육을 자극해 **두뇌향상**에 도움이 되며 성장기 아이들에게 추천합니다.

초·중 교육기관, 청소년수련관, 아동복지센터에서 교구/체험활동/선물로 많이 사용됩니다.

성인
일상에 지쳐 힐링 아이템을 찾고 있는 **직장인**, 친구와 공유할 취미를 찾고 있는 **대학생**, 애인과 함께 추억할 아이템을 찾고 있는 분, 집에서도 즐거운 집순이 집돌이, 아이와 함께할 놀이를 찾고 있는 **부모님**, 태교 선물 등 **취미, 힐링템**을 찾고 있는 분들에게 추천합니다.

노인
퍼즐 맞추기, 같은 숫자 찾기, 색감 맞추기 등 **치매예방**에 좋은 활동이 **책 한 권**에 들어있어 시니어 분들에게 추천합니다.

노인복지회관, 건강증진센터, 요양병원, 보건기관에서 많이 사용됩니다.

이렇게 활용해봐요!

내 손으로 직접 완성한 작품은 인테리어 소품으로 활용할 수 있으며 공간을 더욱 화사하게 만들어 줍니다.
조각조각 스티커를 붙이며 아트에 생기를 불어넣고 나의 일상에도 행복을 채워보세요.

#스티커컬러링북 #취미 #힐링 #베스트셀러 #책추천 #교구 #취미 #힐링 #아트테라피
#컬러테라피 #집콕놀이 #집순이 #집돌이 #선물 #태교선물 #치매예방 #DIY

같이 사용하면 좋아요!

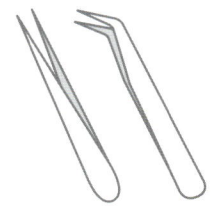

핀셋
손으로 붙여도 큰 어려움 없이
붙일 수 있지만 핀셋을 사용하면
더 쉽고 정교하게 붙일 수 있어요.

액자
액자를 사용하면 안전하고 깨끗하게
더 오래 보관할 수 있어요.

CONTENTS

01 **Netherlands** 네덜란드
02 **Japan** 일본
03 **United Arab Emirates** 아랍에미리트
04 **Turkiye** 튀르키예
05 **United States of America** 미국
06 **Korea** 한국
07 **Greece** 그리스
08 **Egypt** 이집트
09 **Indonesia** 인도네시아
10 **China** 중국
11 **Switzerland** 스위스
12 **Kenya** 케냐

CONTENTS

신비로운 자연과 다채로운 문화로 가득한 세계 각국의 풍경들! 아름다운 세계 풍경 12곳을 선별하여 폴리곤 아트로 담아냈습니다. 세계 곳곳의 자연과 도시의 멋진 풍경을 만나보세요.

81 pcs

01 Netherlands 네덜란드
푸른 하늘을 배경으로 여유롭게 돌아가는 풍차와 수많은 튤립을 볼 수 있습니다.
장소 : 잔세스칸스 풍차마을

68 pcs

02 Japan 일본
봄에는 후지산, 오중탑, 벚꽃과 같은 일본만의 아름다운 풍경을 볼 수 있습니다.
장소 : 아라쿠라야마 센겐 공원

92 pcs

03 United Arab Emirates 아랍에미리트
세계에서 가장 큰 모스크 중 하나로 야경이 아름다우며 흰 대리석과 금장식, 대형 샹들리에로 꾸며진 화려한 내부를 만나 볼 수 있습니다.
장소 : 아부다비 셰이크 자이드 그랜드 모스크

90 pcs

04 Turkiye 튀르키예
열기구를 타고 광활한 버섯 모양의 바위들이 펼쳐진 카파도키아의 신비한 전경을 만나 볼 수 있습니다.
장소 : 카파도키아 열기구

90 pcs

05 United States of America 미국
24시간 어두울 틈이 없는 화려한 야경과 다양한 쇼와 볼거리로 가득한 세계 최고의 엔터테인먼트 도시입니다.
장소 : 라스베가스

84 pcs

06 Korea 한국
한옥의 아름다움이 돋보이는 한국 문화와 전통이 담긴 거리 북촌 한옥마을입니다.
장소 : 북촌 한옥마을

74 pcs

07 Greece 그리스
유럽에서 가장 아름다운 섬인 산토리니는 용암 절벽 위에 아슬하게 붙어 있는 특유의 흰색 건물과 파란색 지붕이 돋보이는 매혹적인 여행지입니다.
장소 : 산토리니 섬

64 pcs

08 Egypt 이집트
낙타를 타고 사막의 모랫길을 지나가는 유목민들을 볼 수 있습니다.
장소 : 카이로 기자 피라미드

84 pcs

09 Indonesia 인도네시아
발리 성의 브라탄 호수에 위치한 물의 여신을 모시는 아름다운 수상 사원입니다.
장소 : 푸라 울룬 다누 브라탄 사원

10 China 중국
역사적인 건축물들이 만들어내는 화려한 야경으로 유명한 상하이의 대표적인 관광명소입니다.
장소 : 상하이 와이탄

11 Switzerland 스위스
웅장한 알프스 산맥의 아름다운 설경을 감상할 수 있는 철도 여행지입니다.
장소 : 융프라우 산악열차

12 Kenya 케냐
야생동물의 천국인 세렝게티 초원에 서있는 케냐의 전통의상을 착용한 여인입니다.
장소 : 세렝게티 초원

세계 각국의 아름다운 풍경을 폴리곤 아트로 만나보세요.

아름다운 자연과 다채로운 도시를 담은 세계 풍경!

화려한 야경과 다양한 볼거리로 가득한 미국 라스베가스, 유럽에서 가장 아름다운 섬 그리스 산토리니, 아시아 최고의 야경으로 손꼽히는 중국 상하이, 고대 문명의 신비와 자연의 아름다움을 지닌 이집트 등 12곳의 세계 풍경이 폴리곤 아트로 담겨있습니다.

채색 후에는 인테리어 소품으로도 사용 가능합니다.
세계 각국의 아름다운 자연과 화려한 도시를 체험해 볼 수 있는 스티커 컬러링 북 세계 풍경을 지금 바로 만나보세요.

간편하게 즐길 수 있는 방법

01 작품 선택
12개의 아트웍 중 원하는 그림을 고릅니다. 아트웍 시트마다 스티커 조각 수가 달라 처음에는 스티커 조각이 적은 순으로 시작하면 좋습니다.

02 스티커 찾기
아트웍과 같은 스티커를 찾아 떼어 낸 다음 같은 번호끼리 차례로 붙여줍니다. 스티커를 붙일 때 중앙에 맞게 붙이면 더욱 깔끔한 작품이 완성됩니다.

03 작품 완성시키기
12가지의 완성된 작품은 인테리어 장식 포스터로 활용이 가능합니다. 예쁘게 장식해 보세요!

일본 | Japan

아랍에미리트 | United Arab Emirates

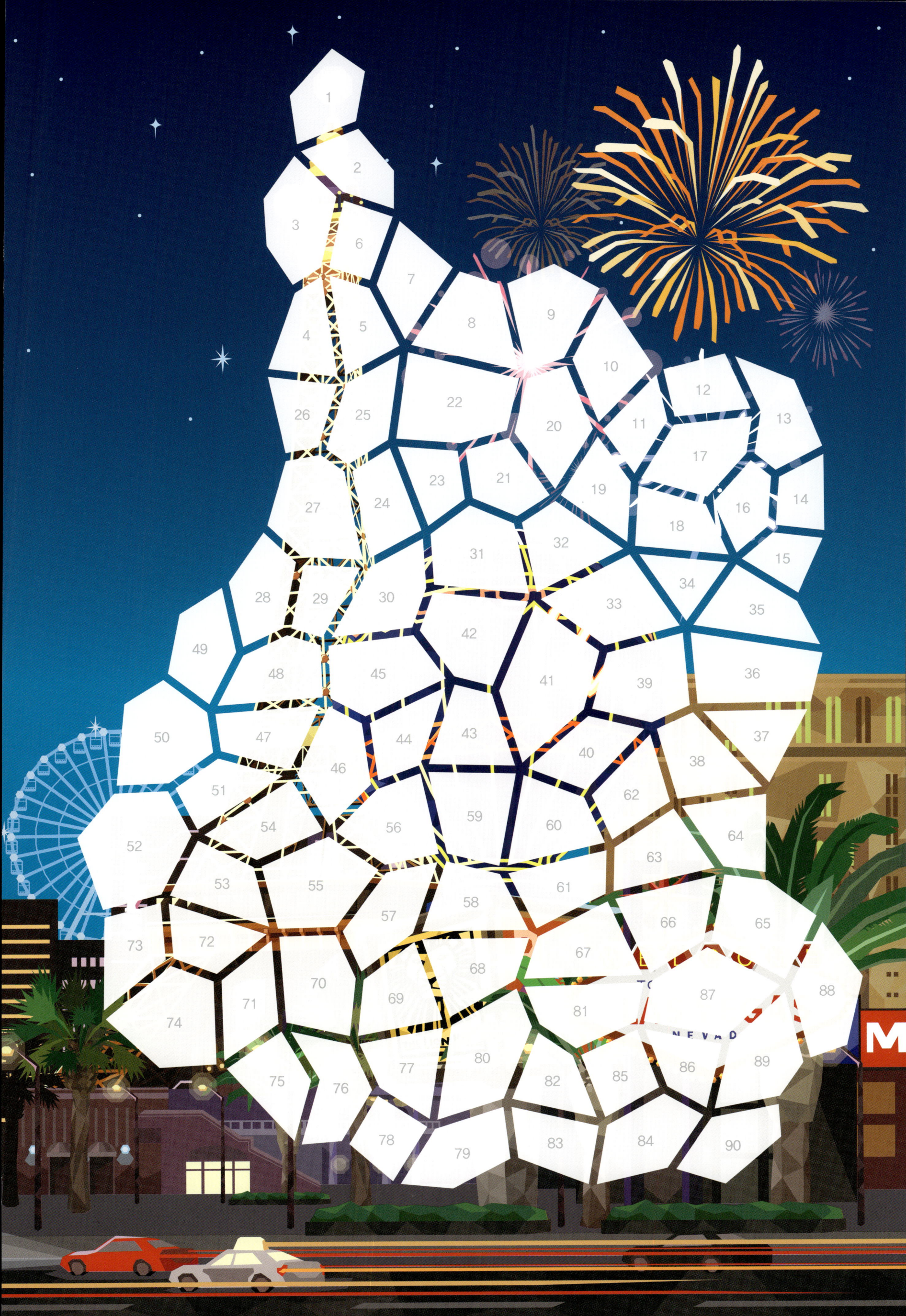

미국 | United States of America

인도네시아 | Indonesia

중국 | China

케냐 | Kenya

스티커 컬러링 북
Sticker Coloring Book
Flower and Girl Polygon Artwork

꽃과 소녀

*스티커 컬러링 북 신규 서적 '꽃과 소녀'

데코폴리 스티커 컬러링 북과 함께 해요

휴식과 힐링을 원하는 당신에게 드리는 작은 선물!
로우 폴리곤 아트를 활용한 다채로운 이미지를 통해 조각조각 입체적인 세상을 만나볼 수 있습니다. 각 12개의 아트웍으로 구성되어 있으며, 도안에 적힌 번호 순서대로 스티커를 붙여나가다 보면 어느덧 멋진 나만의 예술작품이 완성됩니다.
DNA디자인스튜디오의 '데코폴리 스티커 컬러링 북 시리즈' 를 통해 일상에 새로운 재미를 선물해보세요!

#컬러테라피 #안티스트레스 #스티커 #컬러링북 #꽃 #소녀 #아름다움 #이야기

데코폴리 스티커 컬러링 북 시리즈

새	동물	바다 생물	조선 왕실	제주 풍경	제주 랜드마크	강아지

		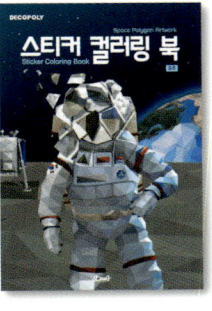				
고양이	공룡	우주	플라워	세계랜드마크	곤충	광주 풍경

	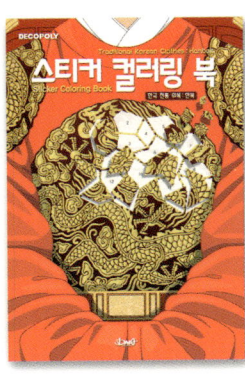	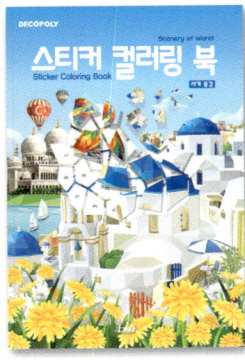	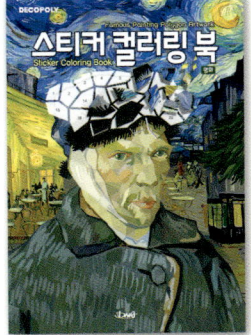		
전설의 동물	한국 전통 의복 : 한복	세계 풍경	명화	동물2	꽃과 소녀

DNA디자인스튜디오의 데코폴리 스티커 컬러링 북이 다양한 시리즈로 출시될 예정이니 앞으로도 많은 관심 부탁드립니다.

세계 각국의 아름다운 자연과 도시의 풍경

데코폴리 스티커 컬러링 북, 이렇게 활용해요!

나의 공간을 화려하게 만들어 줄 '데코폴리 스티커 컬러링 북'
1. 도안에 적힌 순서대로 스티커를 붙여 그림을 완성시켜줍니다.
2. 멋진 예술 작품이 된 그림을 잘라 원하는 곳에 붙여주거나, 액자에 넣어 벽면에 걸어주세요.
3. 나의 방, 거실, 카페 등 전시했을 경우 아름다움은 두 배가 됩니다.

세계적으로 유명한 풍경을 스티커 컬러링으로 만나보세요!

직접 만들어 인테리어 소품으로 활용하는 스티커 컬러링 북!
12개의 아트웍 중 몇 가지를 골라 나만의 스타일로 조합해 허전한 벽면을 채워주세요!
광이 나는 도면과 무광의 스티커가 만나 입체적이면서 고급스러운 느낌이 납니다.

*활용 예시 이미지입니다.

스티커 컬러링 북 구매 고객님들의 실제 사용후기!

DNA디자인스튜디오는 고객님들의 이야기를 항상 듣고 있습니다.

실제 사용 후기를 댓글로 남겨주신 금손 고객님들께 감사드립니다.
앞으로도 저희 DNA디자인스튜디오는 새롭고 특별한 즐거움을 드릴 수 있도록 노력하겠습니다.
스티커 컬러링 북과 함께 좋은 시간 보내시길 바라며, 앞으로도 많은 관심과 기대 부탁드립니다. 감사합니다!

스티커 컬러링 북 시리즈를 체험하신 고객님들의 생생한 후기를 함께 보실까요?

〈 받기   DWA   🔍 검색

hyun *
나처럼 일일이 그라데이션 넣고 명암 넣어서 오히려 힐링이 일 같은 느낌이 되는 사람, 색칠하는게 귀찮거나 부담스러운 사람에게 매우 추천한다.

js *
도안에 적힌 순서대로 스티커만 붙이면 완성되는 완성도가 높지만 난이도는 낮은 좋은 작품이다!

loui *
집콕아이템으로 좋고 완성 후 인테리어 소품으로 활용하기 좋아요!

hello *
집중력 최고! 우리 아이들 선물로 추천해요!

ineedu *
요즘 피폐해진 정서를 위해 구매한 컬러링북.
혼자하긴 힘들어서 여자친구랑 함께 힐링 중입니다!

nanj *
번호에 맞춰 붙이기만 하면 되니 색연필 준비 없이 할 수 있어 좋아요.
스티커를 붙이며 아이들 집중력 키우기에도 좋아요!

hj_j *
5세 아이가 스티커북을 너무 좋아해서 이것저것 많이 시켜봤는데 이건 완성했을 때 퀄리티가 상당히 좋으네요~ 액자에 넣어서 걸어놔도 될 정도로 이뻐요.

from_you *
대인의 스트레스 해소로 요즘 컬러링북을 많이 하는데 막상 물감이나 색연필로 하기엔 귀찮을 때도 있었다.
그러나 데코폴리 스티커 컬러링 북은 스티커라서 매우 편리했고, 짧은 시간 동안 집중을 할 수 있기 때문에 좋았던 거 같다.

eun_ *
완전 재밌는 스티커북이에요~! 성인이나 아이 모두에게 추천합니다!!
일반 성인 스티커북은 단순히 그림 모양을 붙이지만 데코폴리의 스티커 컬러링북은 그림을 그리면서 필요한 음영, 명암, 입체감 거기에 각져있는 모습까지.. 진짜 한 장의 멋진 그림을 만들어낸 것 같아요!
그림 재질도 스티커의 재질도 너무 부드럽고 고급지고 컬러도 부드러우면서 펄감이 있어 그림이 더 멋지게 보여요~

qufrjfe *
수개념, 소근육 발달에 좋고, 무엇보다 아무 생각 없이 무언가에 집중할 수 있어서 좋고 바다생물에 대한 간략한 설명이 나와있어서 아이에게 설명해주기 좋아요!

jyj7 *
나이 상관없이 누구나 만들기 쉽고, 집에서 취미활동으로 즐기며 할 수 있어서 더 좋았습니다ㅎㅎ

li *
퀄리티가 좋습니다. 6세 아이 친구들이 놀러와도 같이 앉아서 집중해서 같이 할 수 있어 적극 추천합니다.

tina *
태교용으로 주문했는데 집중도 잘되고 완성하고 나면 이뻐요.

*본 페이지의 후기글은 신제품 출시에 맞춰 상시로 바뀝니다.